W0278290

Paulus Vennebusch

EHE
für Einsteiger

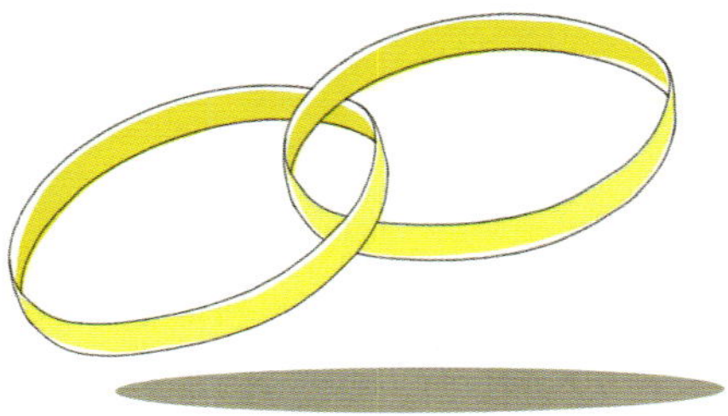

arsEdition

Wie könnt ihr nur?!

Vielleicht habt ihr sie auch im Umfeld: Die ewigen Pessimisten, die sagen: „Wie könnt ihr nur heiraten? In einer Zeit, in der jede dritte Ehe geschieden wird?" Gut, dass ihr nicht auf sie gehört habt, denn sonst hättet ihr keine Chance, zu den glücklichen zwei Dritteln zu zählen, deren Ehe hält.

Es gibt eine Menge positiver Beispiele für das Modell der lebenslangen Partnerschaft: Für Rolling Stone Keith Richards gibt's seit über 30 Jahren Sex & Drugs & Rock 'n' Roll nur noch im Ehebett. Thomas Gottschalk trägt seit 40 Jahren die Klamotten seiner Frau auf. Und Altkanzler Helmut Schmidt hat sich sogar 68 Jahre lang mit seiner Loki den Aschenbecher geteilt.

Rekord-Ehe

Der Inder Karam Chand und seine Frau Kartari waren über 90 Jahre miteinander verheiratet. Sie gaben sich 1925 das Ja-Wort. Den Wunsch, miteinander alt zu werden, nahmen die beiden besonders wörtlich, denn noch im Alter von 109 und 102 Jahren hielten sie Händchen wie frisch Verliebte. Das Geheimnis ihrer Ehe sei gesundes Essen und hin und wieder ein Glas Whiskey. Es geht aber um das richtige Maß: Denn zu viel von beidem kann genauso gut auch Scheidungsgrund sein.

Eine glückliche Ehe ist wie eine lange Unterhaltung, die einem trotzdem zu kurz vorkommt.

André Maurois (1885–1967),
französischer Schriftsteller und Historiker

Das perfekte Alter zum Jasagen!

In vielen europäischen Ländern darf man heiraten, sobald man 18 Jahre alt ist – in Ausnahmefällen geht es sogar schon mit 16. Aber was ist das perfekte Alter, um „Ja" zu sagen? Wenn man noch jung, ungestüm und wagemutig ist? Oder vielleicht erst mit einer gewissen Lebenserfahrung und Reife? Bei der ersten Eheschließung sind Braut und Bräutigam in Deutschland durchschnittlich 30 und 33 Jahre alt. Sicher aber ist: „Das" perfekte Alter gibt es nicht. Es hängt davon ab, wann im Leben man dem richtigen Menschen begegnet. In eurem Fall steht das perfekte Alter zum Heiraten in euren beiden Ausweisen.

Hochzeits-Rekorde

Der älteste Bräutigam

Der Amerikaner Harry Stevens trat mit 103 Jahren vor den Traualtar, um seine Thelma zu ehelichen – und die war immerhin auch schon 84. Nicht überliefert ist, ob der gute Harry selbst die Braut über die Schwelle trug oder ob das sein Pfleger für ihn machte.

Die älteste Braut

Die Australierin Minnie Munro heiratete im Alter von 102 Jahren. Von einem Kinderwunsch ist nichts bekannt.

Das jüngste Brautpaar

Das jüngste Brautpaar kommt aus Bangladesch – die Eheleute waren beim Ringtausch 3 und 11 Monate alt. Sie haben also eine gute Chance, dass Silberhochzeit und eigener Abi-Ball auf einen Tag fallen.

Das Glück ist das Einzige, das sich verdoppelt,
wenn man es teilt.

Albert Schweitzer (1875–1965),
deutsch-französischer Arzt und Philosoph

Meins + Deins = Unseres

Die Ehe ist eine prima Sache, denn ab jetzt wird geteilt: Aus „Mein" und „Dein" wird „Unser".
Nun heißt es nicht mehr „mein Haus, mein Auto, mein Boot", sondern „unsere Zukunft, unsere Liebe, unsere Familie". Und das Schönste ist: Wer mit Liebe teilt, der hat am Ende nicht weniger, sondern mehr!

Was ihr jetzt teilen könnt ...

TISCH

BETT

GLÜCK

STEUERERKLÄRUNG

DAS LETZTE FISCH-STÄBCHEN

Doch auch in einer guten Ehe ist Platz für Individualität. Niemand wird verlangen, dass sie SEINE Socken trägt oder er IHR Shampoo mitbenutzt. Auch als Ehepaar darf das Motto gelten: Jeder nach seinem Geschmack.

... und was ihr nicht unbedingt teilen müsst:

MUSIKGESCHMACK

ZAHNBÜRSTE

BESTE FREUNDIN/ BESTER KUMPEL

HAARFARBE

DAS VORLETZTE FISCH-STÄBCHEN

LIEBE besteht nicht darin, dass man einander ansieht, sondern dass man gemeinsam in die gleiche Richtung BLICKT.

Antoine de Saint-Exupéry (1900–1944),
französischer Schriftsteller

In Partnerschaften muss man sich manchmal streiten, denn dadurch erfährt man etwas mehr voneinander.

Johann Wolfgang von Goethe (1749–1832),
deutscher Dichter

Gegensätze ziehen sich ~~an~~ aus.

Es ist viel Wahres an dieser Redensart. Ihr dürft eure **Gegensätze** also guten Gewissens weiterleben. Die kleinen Unterschiede sind das Salz in eurer Beziehung: Helene Fischer und AC/DC, Spareribs und Tofu-Burger, X- und Y-Chromosom – das passt schon. Hauptsache, ihr seid bei den grundsätzlichen Werten und Zielen eurer Partnerschaft einer Meinung – bei Dingen wie

Treue

Zuverlässigkeit

Zusammenhalt

Respekt

~~Fernsehprogramm~~

Keine Angst vor Streit

Wer meint, in einer guten Partnerschaft dürfe man nicht streiten, der vertut sich. Wie in vielen Lebensbereichen gilt auch beim Bund fürs Leben: Wer etwas erreichen will, der muss den Mund aufmachen. Auch wenn's manchmal unbequem ist. Ein gut geführter Streit wirkt wie ein Sommergewitter: belebend, wohltuend und reinigend. Also traut euch ruhig und lasst hin und wieder mal die Fetzen fliegen. Aber vergesst nicht, euch danach wieder ausführlich zu versöhnen.

Gern auch im Bett – ohne jeden Fetzen dazwischen.

6 Regeln fürs Streiten

Bleibt beim Thema.
Kränkt und beleidigt euch nicht.
Streitet nicht vor anderen.
Hört einander zu.
Sucht einen Kompromiss.
Denkt an den abschließenden
Versöhnungskuss.

Eine gute Ehe ist eine, in der
man harmonisch miteinander streitet.

Anita Ekberg (1931–2015),
schwedische Schauspielerin

Zu Risiken und Nebenwirkungen fragen Sie ...
wen eigentlich?

Jede Partnerschaft kommt irgendwann an einen Punkt, an dem Rat von außen gefragt ist. Nur: An wen wendet man sich? Geht man zu einem Paartherapeuten? Kauft man sich einen von Tausenden mehr oder weniger ernst gemeinten Eheratgebern (von denen ihr einen weniger ernst gemeinten gerade in der Hand haltet), hört man auf Menschen, die überhaupt keine Ahnung von Ehe haben (wie den Papst), oder eher auf solche, die genau wissen, wie es nicht geht (wie Zsa Zsa Gabor, die immerhin neunmal verheiratet war)? Auch hier gilt: Jeder, wie er mag. Aber es ist auf keinen Fall falsch, die Menschen zu fragen, die euch am besten kennen:

Freunde und Familie.

Die Ehe funktioniert am besten, wenn beide Partner ein wenig unverheiratet bleiben.

Claudia Cardinale (*1938), italienische Schauspielerin

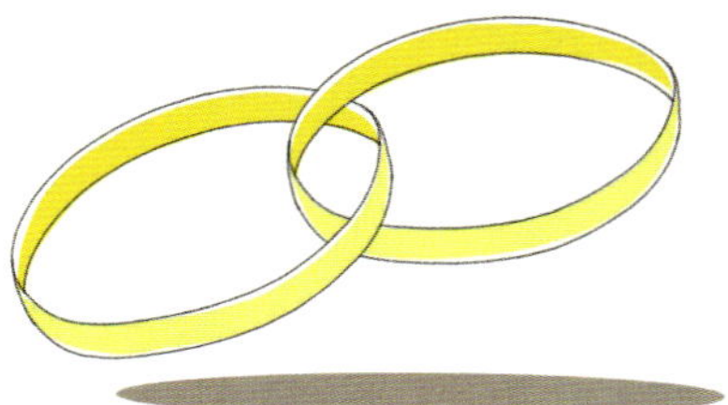

Bringt Musik in euer Leben

Musik verbindet – vor allem die Songs, die euch beiden etwas bedeuten: das Lied, bei dem ihr euch zum ersten Mal geküsst habt; die Musik zu eurem ersten Tanz; der Song, der euch begleitete, als ihr beide euren ersten gemeinsamen Sonnenuntergang genossen habt; euer Hochzeitswalzer … jede Liebesgeschichte hat ihren eigenen Soundtrack. Warum stellt ihr nicht eure persönliche Liebes-Playlist zusammen und lasst sie laufen, wann immer euch danach ist? Beim Wochenend-Frühstück, beim gemeinsamen Schaumbad, im Auto, im Schlafzimmer, zum Jahrestag … oder auch einfach mal so zwischendurch?

Welcher Song gehört zu eurem Liebes-Soundtrack??

Bruno Mars – Marry you

Helene Fischer – Atemlos durch di

Billy Idol – White wedding

The Rolling Stones – Let's spend t

The Platters – Only you

Tim Bendzko – Sag einfach Ja

St

Lionel Ritchie – Endless love

Xavier Naidoo – Nicht von dieser Welt

Gregor Meyle – Keine ist wie du

Joe Cocke

Sinéad O'Connor – Nothing compares 2 U

Herbert Grönemeyer – Halt mich

cht

Queen – Crazy little thing called love

Adele – Someone like you

ight together

Elvis Presley – Can't help falling in love with you

Wonder – I just called to say I love you

Dido – Thank you

The Beatles – She loves you

You are so beautiful

Wer bin ich?

Der Hochzeitstag ist ein guter Anlass, um sich gegenseitig etwas zu schenken. Aber frisch verliebt, wie ihr seid, überrascht ihr euch garantiert auch zwischendurch mit kleinen Aufmerksamkeiten.

An Ideen wird es euch beiden nicht mangeln. Aber IHM fehlt häufig wichtiges Faktenwissen. Darum kann SIE hier ihre wichtigsten Daten hinterlassen. Damit er jederzeit ganz dezent nachschlagen kann, wenn er ein Geschenk sucht, das auch wirklich passt.

Lieber Schatz, das sind meine Maße:

Schuhgröße: ______________

Körbchengröße: ______________

Kleidergröße: ______________ (Stand: Monat/Jahr)

Ringgröße: ___________________

Und das ist mein Traum-Wagen:

- O City-Flitzer
- O Roadster
- O Cabrio
- O Kinderwagen

Hier möchte ich unbedingt mit dir hin:

- O Venedig
- O Malediven
- O Paris
- O Schlafzimmer

Miteinander reden – aber richtig!

In einer Sache sind sich alle Experten einig: In einer guten Ehe ist es wichtig, miteinander zu reden. Es kommt allerdings darauf an, wie man miteinander redet. Es ist alles in bester Ordnung, solange ein solcher Dialog stattfindet:

Er: „Na endlich, ich habe schon so lange gewartet!"
Sie: „Möchtest du, dass ich gehe?"
Er: „Nein! Wie kommst du darauf? Schon die Vorstellung ist schrecklich für mich!"
Sie: „Liebst du mich?"
Er: „Natürlich! Zu jeder Tages- und Nachtzeit!"

Sie: „Hast du mich jemals betrogen?"

Er: „Nein! Niemals! Warum fragst du das?"

Sie: „Willst du mich küssen?"

Er: „Ja, jedes Mal, wenn ich Gelegenheit dazu habe!"

Sie: „Würdest du mich jemals schlagen?"

Er: „Bist du wahnsinnig? Du weißt doch, wie ich bin "

Sie: „Kann ich dir voll vertrauen?"

Er: „Ja."

Sie: „Mein Schatz!"

Ihr wollt ein Beispiel für ein Gespräch, wie es nicht laufen sollte? Dann lest den gleichen Text von unten nach oben.

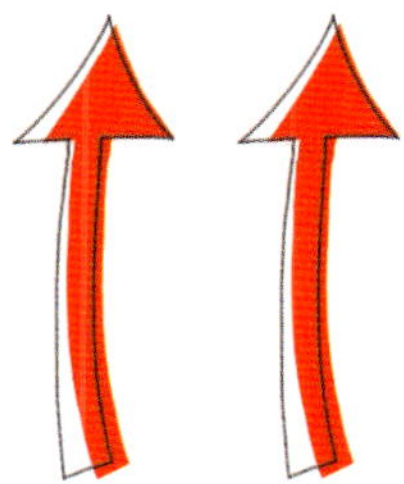

Verzettelt euch!

Normalerweise bedeutet „verzetteln", zu viel auf einmal zu wollen und so den Überblick zu verlieren. In einer Partnerschaft ist es allerdings sogar empfehlenswert, sich hin und wieder einmal zu „verzetteln" – im Sinne von „sich Zettel schreiben": kleine Botschaften als Zeichen unserer Liebe.

Über ein zärtlich dahingehauchtes „I love you"-Post-it am Badezimmerspiegel, ein überraschendes „Ich küsse dich"-Memo in der Aktentasche oder eine freche „Ich will dich – jetzt!"-Notiz auf der Bettdecke freuen wir uns immer wieder – egal, ob frisch verheiratet oder kurz vor der Silberhochzeit.

Ehewitze III

Ein Ehepaar liegt abends im Bett. Er liest. Meint sie: „Liebling, ich möchte, dass du mich an drei ganz besonderen Stellen küsst."
Er ganz erregt: „Sehr gern. Sag mir die Stellen!"
„Honolulu, Paris und Hawaii."

Das Brautpaar steht vor dem Pfarrer. Die Trauung ist fast vollzogen.
Leichenblass unterbricht da der Bräutigam den Pfarrer: „Moment! Moment! Wie lange sagten Sie eben?"

„Wieso willst du denn ausgerechnet nach Ibiza?", fragt der Ehemann seine Frau.
„Da waren wir doch letztes Jahr schon drei Wochen."
„Ja, aber das war unsere Hochzeitsreise", sagt sie, „und diesmal möchte ich auch was von der Insel sehen."

Einen Menschen zu lieben, bedeutet, ihn so zu sehen, wie Gott ihn gemeint hat.

Fjodor M. Dostojewski (1821–1881), russischer Schriftsteller

Ihr seid ja immer noch da!?

Dafür, dass ihr frisch verheiratet seid, habt ihr euch jetzt schon ganz schön lange mit diesem Buch beschäftigt. Habt ihr nichts Besseres vor? Lesen könnt ihr später immer noch. Nutzt jetzt eure Energie und Zeit für wunderbare Liebes-Auszeiten: Küsst euch in jedem Raum eurer Wohnung. Oder backt gemeinsam einen Kuchen. Macht ein Picknick im Grünen. Oder nehmt zusammen ein Schaumbad. Fotografiert euch in albernen Posen. Bemalt eure Bäuche mit Wasserfarbe. Bewerft euch mit Erdbeeren. Oder geht einfach miteinander ins Bett. Oder …

Na endlich. Sie sind weg.

In einigen Fällen war es nicht möglich, für den Abdruck der Texte die Rechteinhaber zu ermitteln. Honoraransprüche der Autoren, Verlage und ihrer Rechtsnachfolger bleiben gewahrt.

© 2017 arsEdition GmbH, Friedrichstr. 9, 80801 München
Alle Rechte vorbehalten
Text: Paulus Vennebusch
Illustration und grafische Gestaltung: Nadine Jessler
ISBN 978-3-8458-1929-7
Printed by Tien Wah Press
1. Auflage

www.arsedition.de

FSC www.fsc.org
MIX
Papier aus verantwortungsvollen Quellen
FSC® C012700